W0209297

Streifzüge

Herausgeber: Prof. Dr. Peter Conrady

In Streifzüge finden Jugendliche
- Inhalte, die sie wirklich betreffen,
- Handlungen, die überschaubar sind,
- einen Textumfang, der nicht überfordert,
- Illustrationen, die den Text auflockern und Verstehenshilfen geben,
- Wortwahl und Syntax, die das Verstehen erleichtern,
- eine besondere typografische Gestaltung.

Dieter Schliwka

Hakenkreuz und Gänseblümchen

DK
Verlag Dürr & Kessler

Die Deutsche Bibliothek – CIP-Einheitsaufnahme

Schliwka, Dieter:
Hakenkreuz und Gänseblümchen / Dieter Schliwka. – 2. Aufl. –
Rheinbreitbach : Dürr und Kessler, 1994
(Streifzüge)
ISBN 3-8181-6017-1

Umschlaggestaltung: Rainer Geyer
Titelbild und Illustrationen: Konrad Eyferth
Gesamtherstellung: F. Pustet, Regensburg
ISBN 3-8181-6017-1

1

Bei uns gegenüber gibt es eine wilde Wiese, die bis zum Damm der Zechenbahn reicht.

„Da müßte man was draus machen“, sagte mein Vater eines Tages. Denn er träumte von einem Garten.

Wir wohnen im vierten Stock. Um das Haus herum gibt es weder Wiesen noch Gärten – nur die Straße, Garagen für die Mieter, Pflastersteine und einen Sandkasten auf dem Hof.

„Das werden die von der Stadt nie erlauben“, sagte Mutter, die oft mit Vater im Fenster lehnte und auf die Wiese am Bahndamm runterguckte. „Du kannst da nicht einfach Spinat hinpflanzen, Vater.“

„Kann ich!" sagte der. „Wozu bin ich denn in der SPD? Jahrelang hab ich für nix Beiträge gezahlt, da können die von der Partei auch mal was für unsereins tun."

Am nächsten Tag ging er zum Rathaus. Ein Parteigenosse dort sagte: „Nee. Das mit dem Garten schlag dir mal aus dem Kopf! Da soll ein Baumarkt hin. Nur die Kirche sperrt sich noch. Der gehört die Wiese."

Die von der Kirche sagten: „Da kommt kein Baumarkt hin. Der Pastor will ein neues Pfarrzentrum. Aber Geld ist knapp im Moment. Es kann also noch Jahre dauern. Trotzdem dürfen Sie da keinen Garten anlegen. Das ist Kircheneigentum, Herr… Wie war doch noch Ihr Name?"

„Figurski, Herbert Figurski."

„Herr Figurski. Das ist Kirchengrundstück. Verstehen Sie? Da kann nicht irgend jemand kommen ..."

Vater war nicht irgend jemand.

Er rannte sich die Hacken krumm, um doch noch eine Genehmigung zu kriegen. Und mein Onkel Theo, Mutters Bruder, der im Büro arbeitet, schrieb über ein Dutzend Briefe für Vater.

Ohne Erfolg.

Da trat Vater aus der Partei aus, und Mutter ging nicht mehr in die Kirche. Und jeden Tag schimpften sie über „die da oben".

2

Als dann Arbeiter von der Stadt Camping-Wagen auf die wilde Wiese stellten, Stromkabel verlegten und Container für Waschräume und Klosetts montierten, kriegte Vater vor Staunen den Mund nicht zu. Und genau drei Tage später zogen die Flüchtlinge ein.

Vater spuckte Gift und Galle.

„Für diese arbeitsscheuen Ausländer ist die Wiese da, nicht für einen deutschen Arbeiter. Sind die denn total bekloppt da oben?"

Mutter nickte.

„Muß wohl! Die stopfen den Asylanten alles in den Hintern – für nix. Kein Wunder, daß immer mehr rüberkommen nach Deutschland."

„Bis wir dran ersticken!" murrte Vater und guckte grimmig durch die Gardine. „Dabei hab ich nix gegen Ausländer. Der Mustafa, zum Beispiel, mein Kumpel, malocht genauso wie unsereiner und macht jede Drecksarbeit. Dafür soll er auch Moos kriegen und hier wohnen. Aber die Asylanten ... Nee!"

Vater arbeitet auf einer Kohlenzeche – tausend Meter unter der Erde. Da siehst du acht Stunden keinen Himmel, keine Sonne, kein Grünzeug, nichts. Nur Maschinen, Dreck, Staub und Steine und Kohle. Und Krach und schlechte Luft gibt es da. Ich bin sicher, da unten haben seine Träume von einem Garten angefangen.

3

Wenn Vater auf der Arbeit war und Mutter irgendein Büro putzte, saß ich nach der Schule meistens vor der Glotze und guckte Fernsehen oder Video. Oder ich spielte mit meinem Taschencomputer.

Mit dem Lager auf der Wiese wurde das anders. Der Platz zwischen den Wagen war immer voller

Kinder. Sie spielten wer weiß was. Und bei dem Lärm, den sie machten, hielt ich es nie lange mit dem Spielcomputer oder vor dem Fernseher aus. Das Fenster zog mich an. Und wenn ich da hockte und runterguckte, dachte ich immerzu: Die haben's gut!

Ich hatte nie Spielgefährten.

Im Haus gab es nur ganz kleine Kinder. Und die aus der Straße gingen fast alle auf eine andere Schule und waren kaum draußen. Außerdem hatte ich Schiß, sie anzusprechen. Bestimmt hätte ich gestottert oder was ganz Dämliches gesagt. Und sie hätten mich ausgelacht. Denn das Sprechen lag mir nicht.

Schon im Kindergarten war ich meistens still gewesen. Und oft habe ich allein gespielt. Geprügelt habe ich mich nie. Deshalb haben sie immer Angsthase zu mir gesagt.

Das hat weh getan.

Aber mutiger bin ich dadurch nicht geworden. Und mehr gesprochen habe ich deswegen auch nicht. Eher weniger.

Später – in der Schule – haben sie nicht mehr Angsthase gesagt, sondern Basti, der Feigling. Oder noch schlimmere Sachen.

4

Meine Geschichte beginnt im Frühjahr: Es grünt und blüht schon, da kommt der Winter noch mal mit eisigem Sturm für einen Tag zurück.
Mutter hat die Heizung aufgedreht. Es dämmert früh. Ich hocke am Fenster.

Die Lagerkinder sind bei dem scheußlichen Wetter nicht draußen.

Die Wagen sehen von oben wie graue Tiere aus, die sich bei Kälte ducken und näher zusammenrücken.

Ich spüre ein Frösteln und frage Mutter: „Haben die einen Ofen?"

„Wer?"

„Die Asylanten."

„Klar haben die einen Ofen!" sagt Vater, der am Tisch sitzt und in der Zeitung blättert .„Die haben alles. Sogar Fernsehen und Video haben die. Der Erich Kowallek hat mal da reingeguckt. Richtigen Luxus haben die da. Von unseren Steuern. Und geklaut." Erich Kowallek ist unser Nachbar im Flur gegenüber.

Mutter steht hinter mir.

Sie guckt über meine Schulter auf die kleinen roten Fenster und die geduckten Schatten. „Bist du sicher, Vater?"

„Ganz sicher. Von unseren Steuern. Und klauen tun die wie die Raben. Da gibt es nix!"

„Ich meine, daß die einen Ofen haben“, sagt Mutter. „Weil da ja auch Kinder drin sind. Und die können ja nix für solche Eltern.“

„Mmmmmh“, brummt Vater. „Mit Gas. Die heizen wahrscheinlich mit Gas aus so Flaschen. Wie der Theo in seiner Laube im Schrebergarten.“

„Was machen die Kinder eigentlich, wenn sie bei dem Wetter nicht rauskönnen?“ überlegt Mutter. „Da sind acht bis zehn Leute in so einem Wagen. Schon für drei wär's auf Dauer zu eng. Und wie schlafen die?“

„Wie Ratten“, sagt Vater. „Ratten liegen kreuz und quer auf dem Boden. Über- und untereinander. Hab ich mal in einem Naturfilm gesehen.“

Seine Zeitung raschelt.

Plötzlich ist es still im Zimmer. Ich fühle Mutters Finger durch meinen Pullover. So fest hält sie sich an meiner Schulter. Und beklommen gucken wir runter auf die Wagen. Irgendwann sagt Vater: „Ist noch eine Pulle Bier im Kühlschrank?“

Seit der Sache mit dem Garten trinkt er mehr.

„Sebastian kann eine von der Bude holen“, sagt Mutter. Früher hatte sie immer einen ganzen Kasten im Besenschrank. Sie ist vorsichtiger geworden. „Die Läden haben schon zu.“

„Aber geh über den Hof!“ mahnt Vater. „Abends sind Kinder und Frauen auf der Straße nicht mehr sicher. Da hast du mir nix, dir nix ein Messer im Rücken. Soweit sind wir schon in Deutschland.“

Die Trinkhalle ist ein paar Häuser weiter. Hin gehe ich tatsächlich über den Hof, auch wenn das ein Umweg ist. Zurück bleibe ich auf der Straße. Die Bierflasche habe ich in die Jackentasche gestopft.

Vor unserem Haus bleibe ich stehen.

Im Lager auf der Wiese sehe ich niemanden. Die Laterne drüben auf dem Platz pendelt hin und her. Ich muß meine Anorakkapuze festhalten. So heftig bläst der eisige Wind.

Zögernd überquere ich die Straße.

Ich habe etwas Muffensausen.

Aber: Alles, was Vater sagt, glaube ich längst nicht mehr. Zuviel Blödsinn hat er in letzter Zeit erzählt. Nicht, daß er lügt. Aber seit der Gartengeschichte ist Vater nicht mehr der alte. Immer ist er gleich auf hundertachtzig! Und da weiß er nicht, was er quasselt.

Öfen scheinen sie wirklich zu haben. Durch ein Fenster sehe ich eine Frau, die ein nacktes Baby rumschleppt. Und Fernsehflimmerlicht zuckt über die Gardinen.

Es riecht nach Essen. Töpfe klappern. Musik dröhnt aus Lautsprechern. Ein Mann schimpft. Eine Frau lacht. Kinder plärren.

Neugierig gehe ich von einem Wagen zum anderen und sehe mich nach allen Seiten um.

Alles wirkt etwas schmuddelig: Pappkartons liegen am Boden, leere Konservendosen. Müllcontainer quellen über. Gerümpel stapelt sich– rostige Fahrradteile, alte Kinderwagen, was weiß ich.

Fensterscheiben an den Klos und Waschanlagen sind kaputt, eine Tür hängt schief in den Angeln.

Wände sind beschmiert. Das war alles nagelneu, bevor die Leute einzogen. Allmählich kriege ich die Wut.

Am Waschraum steht plötzlich ein Mädchen vor mir. Sie trägt eine Schüssel mit Wäsche. Wir sind beide starr vor Schreck. Sie läßt die Schüssel fallen. Ich möchte etwas sagen. Aber mein Hals ist zugeschnürt.

Stumm gucken wir uns an.

Der Wind wirbelt ihr das dunkle Haar übers Gesicht. Ich finde sie sehr schön.

Eine Frau ruft etwas in einer fremden Sprache. Hastig sammelt das Mädchen die Wäsche ein. Ich helfe ihr.

Dann läuft sie fort.

Ich gucke ihr nach. Ihr Wohnwagen steht weit hinten beim Bahndamm im Dunkeln. Rasch schließt sich dort der gelbe Lichtspalt.

5

Zu Hause gehe ich sofort auf mein Zimmer und höre Musik. Bevor ich mich schlafen lege, gucke ich noch mal runter auf den Wagen am Bahndamm. Aber dort ist alles finster. Auch morgens bin ich sofort am Fenster.

Nichts.

Nach der Schule klebe ich wieder hinter der Scheibe. Das Wetter ist besser geworden, viel wärmer.

Auf der Wiese ist Hochbetrieb. Aber das Mädchen ist nicht dabei. Den ganzen Nachmittag warte ich.

„Hast du schon Erbsen gegessen?“ fragt Mutter. Ich habe sie gar nicht kommen hören.

„Nein.“

„Soll ich sie dir warm machen?“

„Ja.“

Mutter geht in die Küche.

„Weißt du, was die Oknan gesagt hat?“ ruft sie. Oknan ist die koreanische Frau, die mit Mutter zusammen putzt. „Sie hat gesagt, daß da unten auf die Wiese bald kleine Fertighäuschen hinkommen. Für die Asylanten.“

Ich höre, wie Mutter den Topf mit der Erbsensuppe hart auf den Herd knallt. „Hast du gehört, Sebastian?“

„Ja. Fertighäuschen.“

„Denk dir nur! Richtige Villen kriegen die. Und wir wohnen im vierten Stock zur Miete – ohne Garten, ohne alles. Das darf ich gar nicht dem Vater erzählen. Der hat's sowieso schon am Magen.“

„Mh“, brumme ich.

Unten kommt gerade die Ordensschwester mit dem Rad angefahren. Es ist immer dieselbe. Und immer kommt sie mit dem Rad, nie mit dem Auto.

Sobald die Schwester auftaucht, rennen alle Kinder zusammen. Erst spricht die Schwester mit den Kindern, dann mit den Großen.

Sie geht hierhin, dorthin, guckt sich dies, guckt sich das an. Die Leute bedrängen sie und reden auf sie ein. Sie schreibt immer wieder was auf einen Zettel.

Dann radelt sie davon.

Ein paar kleine Kinder laufen ihr ein Stück auf der Straße nach, winken, rufen, lachen. Und ich warte.

Mitten in der Nacht stehe ich auf und gucke runter. Allmählich flippe ich aus! Einmal höre ich die Zechenbahn auf dem Damm. Ich sage zu mir: Jetzt lauscht das Mädchen auch. Und sie guckt gegen die schwarze Decke wie du! Daß wir beide jetzt dasselbe tun, ist ein schöner Gedanke. Ich denke ihn immer wieder – auch, als der Zug lange vorbei ist.

6

Vier Tage sehe ich sie nicht. Sie geht weder zur Schule, noch kommt sie von der Schule. Das fällt mir auf. Erst am Sonntag steht sie unten neben dem Wagen am Damm.

Vater und Mutter sind zum Grillen und Kartenspielen bei Onkel Theo, der einen Schrebergarten hat. Ich wollte nicht mit.

Aus der Entfernung kann ich das Mädchen kaum erkennen. Da hole ich den Feldstecher, den Vater sich für den Urlaub angeschafft hat.

Ich spüre meinen Puls im ganzen Körper, besonders am Hals, wo ich einen Pickel habe. Vor Aufregung kriege ich das Bild nicht scharf. Es wackelt wie verrückt.

Schließlich lege ich das Fernglas weg. Es ist nicht gut, ihr Gesicht ranzuholen, wenn sie es nicht weiß. Das sage ich mir.

Wie lange ich dagesessen habe, weiß ich nicht mehr. Irgendwann geht das Mädchen auf den Bahndamm zu und an der Böschung entlang. Ihre Hand streift wie im Spiel das Buschwerk.

Und als sie sich ganz allein fühlt, tanzt sie – nur ganz kurz. Sicher ist das Quatsch. Aber ich will es glauben, weil ich das schön finde.

Ich gehe in den Korridor und ziehe mir die Jacke über. Im Flur treffe ich niemanden. Es riecht nach Braten im Treppenhaus wie jeden Sonntag.

Bis zum Straßenende brauche ich knapp fünf Minuten. Vor der Unterführung geht ein schmaler Weg links ab, immer an der Dammböschung entlang, vorbei am verlassenen Bahnwärterhäuschen bei der Schranke. Die ist halb verrostet und hängt auf die Erde runter. Hier war früher mal eine Überfahrt, bevor weiter unten die Brücke gebaut wurde. Überall wuchern Buschwerk und Gras aus bröckeligem Asphalt.

Von hier kann ich den Rest des Weges gut überblicken.

Wo ist das Mädchen?

Kaum tausend Schritte weiter ist das Lager. Und man hört das ferne Geschrei der Kinder auf dem Platz. Von dem Mädchen keine Spur!

Wahrscheinlich ist sie umgekehrt und zurückgegangen. Ich sehne mich nach meinem Zimmer, meinem Bett. Und ich möchte hundert Jahre schlafen. So enttäuscht bin ich.

Aber zu Hause schlafe ich nicht. Ich gehe an den Kühlschrank und stopfe mir kalte Frikadellen rein. Dann setze ich mich ans Fenster. Als es dämmert, sehe ich das Mädchen den Weg zurückkommen. Unglaublich! Wo war sie die ganze Zeit?

7

Um Mitternacht schrecke ich aus dem Bett hoch. Erst denke ich: Das ist ein hartnäckiger Traum, den ich nicht abschütteln kann.

Aber dann kapiere ich: Das ist kein Traum! Das Blaulicht, das über die Gardinen und Wände zuckt, ist echt. Ebenso die Polizei–Sirenen, die ich höre, das Lied, das junge Männer grölen. Die Rufe. Schreie.

Dann wahrhaftig Vaters wutschnaubende Stimme: „Nehmt eure Dreckspfoten von den Jungs! Auf die kann das Vaterland stolz sein!“

Schon bin ich im Wohnzimmer. Und richtig: Vater steht im Unterhemd am offenen Fenster, die Hose nachlässig übergezogen, die Hosenträger hängen an beiden Seiten runter. Er droht mit der Faust nach unten, und das Fleisch an seinem massigen Oberarm wabbelt.

Hinter ihm steht Mutter im Nachthemd. Verzweifelt versucht sie, Vater vom Fenster zu zerren:

„Halt dich da raus, Vater!“ jammert sie. „Vater, mach doch keinen Quatsch!“

„Die Drecksäcke!“ poltert der und schüttelt Mutters Hände ab. „Diese Schweine! Die sollen die Jungs in Ruhe lassen, sollen die! Kann man doch verstehen, die Jungs. Die Bullen knüppeln auf die Falschen. Und das wollen Deutsche sein!“

„Vater, du hast getrunken. Sei doch vernünftig, Vater! Und halt dich da raus!“

Vater hat wirklich getrunken. Seine Fahne riecht man im ganzen Zimmer.

Wenn sie bei Onkel Theo im Schrebergarten Karten spielen und grillen, läßt Vater sich immer vollaufen – seit er vom eigenen Garten träumt. Und Mutter hat schon richtigen Bammel, zu Onkel Theo zu gehen.

„Endlich mal welche, die's den Asylanten zeigen!“ motzt Vater mit schwerer Zunge weiter. Er sieht elend aus, wankt etwas. „Ich muß runter! Der Erich Kowallek ist auch da. Da kann man nicht zugucken!“

Mutter versperrt ihm den Weg.

„Erst trinkst du noch einen, Vater“, sagt sie. „Der Junge holt den Schnaps ... Sebastian!“

Ich renne schon los.

Als ich mit der Flasche zurückkomme, kniet Vater vor der Couch und würgt und würgt. „Schnell, einen Eimer, Sebastian! Vater muß kotzen.“

Wir atmen auf.

Das ist das Ende. Bald wird Vater auf der Couch laut schnarchen und seinen Rausch ausschlafen.

Ein Uhr.

Mutter und ich stehen im dunklen Zimmer am Fenster. Fünf Polizeiautos mit Blaulicht kann ich erkennen, auch einen Krankenwagen, der etwas abseits steht.

Es wimmelt von Menschen.

Im Lager sehe ich die Bewohner, die eng beieinanderstehen, davor eine lockere Kette von Polizisten mit Helmen, Schlagstöcken und Schutzschilden.

Auf dem Bürgersteig löst sich gerade im Gerangel mit Polizisten eine Gruppe Jugendlicher auf. Die meisten haben schwere Stiefel und Kampfjacken an, einige tragen Strumpfmasken. Ihre schwarzen Köpfe sehen im Blitzlicht der Reporter bedrohlich aus. Protestschreie, Drohungen.

Rechts und links kann ich Leute aus der Nachbarschaft erkennen – auch Erich Kowallek von gegenüber.

Sie klatschen Beifall, pfeifen, schimpfen. Ich weiß nicht für wen und warum.

„Das Allerschlimmste ist zum Glück vorbei", raunt Mutter mir erleichtert zu. „Die jungen Leute haben mit Steinen geschmissen. Und Nazi–Lieder haben sie gegrölt. Und den Hitlergruß haben sie gemacht. Und sie haben schlimme Sachen gerufen, ganz fürchterliche! Und da hab ich wieder an die kleinen Kinder da unten gedacht. Die armen Kinder!"

Stumm gucken wir runter auf die Straße, die still und stiller wird und sich langsam leert – so, daß die

Buchstaben, die jemand mit weißer Farbe auf den schwarzen Asphalt gesprüht hat, nach und nach einen Sinn kriegen: „In die Gaskammer mit den Asylanten!"

8

Ich kann nicht schlafen.

Ich kann nicht schlafen, weil ich an das Mädchen denke. Sie ist so wunderschön! Und das, was ich eben gesehen habe, ist so furchtbar häßlich.

Vater schnarcht.

Bis in mein Zimmer höre ich ihn.

Ich wälze mich und wälze mich.

Dann stehe ich auf.

Die zwanzig Bände Lexikon und die zwölf dicken Geschichtsbücher, die in meinem Regal stehen, hat Vater sich mal an der Tür aufschwatzen lassen. „Damit der Junge was lernt!" Aber in der Schule habe ich deswegen nicht öfter aufgezeigt.

Band eins geht nur bis Artvin. Das ist eine türkische Stadt. Im zweiten habe ich mehr Glück: Asylanten steht nicht drin, aber Asyl, Asylrecht und Asylum ignorantiae.

Asyl, lese ich, ist eine Zufluchtsstätte für Verfolgte, Obdachlose, Trinker, Prostituierte, entlassene Sträflinge und so weiter. Und Asylrecht heißt Zufluchtsrecht. Ausländer, die zu Hause verfolgt werden, können bei uns Asyl kriegen. Dann dürfen sie in Deutschland bleiben. Asylum ignorantiae ist für mich Kokolores, den ich nicht kapiere.

Achselzuckend stelle ich das Buch zurück. Viel schlauer bin ich jetzt auch nicht. Aber immerhin.

Dann greife ich zum Angstbuch.

Das ist das Geschichtsbuch mit der roten Nummer elf. Angstbuch heißt es, weil zwei Fotos drin sind, die mir Angst machen. Als Mutter sie mir zum ersten Mal zeigte, war ich acht und in der zweiten Klasse. Und Mutter hat gesagt: „Damit du mal siehst, wie abscheulich Menschen zu Menschen sein können. Wenn wieder ein Hitler käme und rauskriegte, daß Vater in der SPD ist, würde der uns alle auch umbringen wie die da!"

Und dabei hatte sie auf die zwei Bilder von Seite 317 gezeigt. Seitdem habe ich Angst davor, daß der Hitler wiederkommt.

Im matten Licht der Nachttischlampe steht der kleine Junge vor mir. Der auf dem Bild. Er hat eine große Schlägermütze auf. Und unter seinem schwarzen Mantel gucken die weißen Knie raus. Er ist auf dem Weg in die Gaskammer. Die Sachen würden sie ihm vorher noch ausziehen, hat Mutter gesagt. Weil sie zu gut für die Gaskammer sind. Und was in seinen Taschen ist, würden sie ihm wegnehmen: eine bunte Murmel, einen Bindfaden, eine farbige Glasscherbe. Und immerzu habe ich damals gedacht: Das bist du, wenn der Hitler kommt! So was hab ich auch in der Hosentasche.

Dann die vier Frauen, die sich aneinanderklammern, und das kleine Mädchen, das sich an die Mutter preßt! Um sie herum Leichen über Leichen. Gleich werden sie auch tot sein – zwei Atemzüge später. Umgebracht – weil der Hitler das will! Und immerzu denke ich: Die Frau links, die sieht wie Mutter aus. Da hab ich immer an ihr vorbeigeguckt. Aber ich hab sie trotzdem gesehen – sogar, wenn ich die Augen zugemacht hab.

Mein Atem steht still.

Und dann höre ich Mutter hinter mir fragen: „Du guckst in das Buch?"

„Ja", sage ich.

„Schlaf besser. Morgen in der Schule wirst du müde sein. Und es ist nicht gut, wenn du dir immer diese scheußlichen Bilder anguckst."

„Ja", sage ich.

„Das in dem Buch ist schon ewig her", sagt sie. „Da war ich nicht mal geboren, weißt du. So lange ist das her. Und einen Hitler gibt es nicht zweimal. Das sagt Vater immer. So was passiert nie wieder."

„Ja", sage ich.

Wir gucken uns dabei nicht an.

Eine Zeitlang lauschen wir. Und wir sehen zum Fenster rüber. Draußen ist es totenstill. Auch Vater schnarcht nicht mehr.

Ich stelle das Buch weg.

„Ich geh dann", sagt Mutter.

„Ist gut", sage ich und mache das Licht aus. Und ich verkrieche mich unter meine Bettdecke.

9

Keine ist so schön wie sie, sage ich mir. Auf dem ganzen Schulhof jedenfalls finde ich nicht eine, die es mit ihr aufnehmen könnte.

Der Unterricht läuft an mir vorbei – nicht, weil ich zu müde und kaputt bin, sondern weil mir die Gedanken im Kopf rumgehen: Wo hatte das Mädchen gestern nachmittag gesteckt? Das muß ich rauskriegen.

Um halb zwei ist Schulschluß.

Mein Bus kommt fünf nach.

In einer Imbißstube esse ich eine Curry-Wurst mit Pommes. Montags kocht Mutter nicht. Sie putzt dann zwei Büros und kommt sehr spät heim.

Vater hat Mittagsschicht.

Bis zur Unterführung habe ich es sehr eilig. Dann aber beruhige ich mich. Auf dem Weg am Damm gehe ich langsam.

Es ist sonnig.

Und in allem ist Frühling. Im Geruch nach Gras. Im warmen Wind. In den gelben Blüten des Löwenzahns, der aus den Spalten im Asphalt bei der alten Schranke wächst.

Vom Flüchtlingslager hört man keinen Laut. Die Kinder spielen heute nicht. Rings um das alte Bahnwärterhäuschen mit den wilden Büschen und halb abgestorbenen Bäumen nur das Summen der Bienen!

Ich suche hier, suche da.

Dann entdecke ich in dem fast undurchdringlichen Gestrüpp einen Trampelpfad. Ich zwänge mich durch und bleibe nach wenigen Schritten überrascht stehen. Der Pfad endet auf einer kleinen Lichtung hinter dem Bahnwärterhäuschen.

Unter einem Dach aus Teerpappe ist eine kleine Wohnung – ein Tisch aus Backsteinen, Stühle aus Blechdosen und Plastikeimern. Am Boden liegt ein ausgefranster Teppich.

Zögernd gehe ich näher ran.

Auf dem Tisch steht eine winzige Glasvase. Und in der Vase sind Gänseblümchen – noch ganz frisch.

Ich stelle die Schultasche ins Gras, setze mich auf einen Ziegel und lehne mich gegen das verwitterte Mauerwerk des Bahnwärterhäuschens.

So hocke ich da und warte.

Die Schatten werden lang und länger. Nach und nach verstummen die Insekten, die Vögel, alles.

Ich bemerke das Mädchen erst, als es aus dem Gebüsch ins Licht der tiefen Sonne tritt.

Regungslos steht sie vor mir.

Dann dreht sie sich um und flieht. Eine Weile höre ich das Rascheln der Büsche, dann ist Stille.

Wie betäubt sitze ich da.

Der Himmel wird dunkelblau. Die Sterne blinken. Der Halbmond taucht hinter den schwarzen Ästen auf. Mir ist kalt. Jetzt stehe ich auf und mache mich auf den Heimweg.

10

Mutter ist schon zu Hause. Sie sitzt vor dem Fernseher im Sessel, die Beine hoch. Sie ist fix und fertig. Ein Kind von Oknan, der Koreanerin, hat die Windpocken gekriegt. Und Mutter hatte allein putzen müssen.

„Du warst aus?" fragt sie.

„Ja", sage ich.

„So lange?"

„Ja."

„Hast du Hunger?"

„Nein."

„Wie war's in der Schule?

„Gut."

Ich setze mich auf die Couch. Eine Weile schweigen wir. Dann erzählt Mutter mir von Oknan und klagt – wie fast jeden Tag – über die Büromädchen. Daß die jungen Dinger keine Ordnung hielten heutzutage. Ich nicke.

Im Fernsehen zeigen sie Reklame. Lauter hübsche Mädchen, hübscher als das Mädchen vom Lager. Und ich spüre stärker den Schmerz in mir. Eigentlich ist Enttäuschung ja kein Schmerz. Aber sie tut weh. Und ich denke an Melanie, an Janine, an Iris, alles Mädchen aus meiner Klasse. Auch die sind schöner. Viel schöner.

„Du bist so still", sagt Mutter.

„Kopfschmerzen", sage ich.

„Weil du zu wenig geschlafen hast heute nacht. Und du bist am Wachsen. Und in der Pubertät. Davon kommen auch deine Pickel. Da muß man sich schonen. Und genug schlafen und genug essen. Sonst wird man krank."

Ich zucke die Achsel, stehe auf.

„Ich geh ins Bett."

„Wenn du vernünftig bist", sagt Mutter. „Morgen sieht alles wieder anders aus. Willst du vorher wirklich nix mehr essen?"

„Nein, bin satt."

„Ich guck mir noch den Heimatfilm an, der gleich kommt", sagt Mutter und gähnt. „Endlich mal was Schönes – so richtig aus dem Leben, nicht nur Dreck und Schmutz wie üblich. Und dann kommt ja auch schon Vater ... Hast du die Schulaufgaben fertig?"

„Wir hatten nix auf."

„Gut. Und wenn du Musik machst, denk an die Nachbarn! Hörst du, Sebastian?"

„Okay."

„Dann schlaf schön!"

„Nacht", sage ich und verdrücke mich. Wie ein Stein falle ich ins Bett. Und in meinem Kopf ist lauter Watte.Ich taste nach dem Kopfhörer auf dem Nachttisch. Die Kassette mit Heavy Metals, die ich jetzt nötig brauche, ist schon im Recorder. Über eine Stunde lasse ich die Jungs für mich knüppeln, schlagen, schreien, brüllen, dann ist mein Kopf wieder klar. Und ich sage mir: Aus und vorbei! Was sonst?

11

Die Sache ist doch die: Als ich sie das erste Mal sah, stand sie im Halbdunkel unter der Laterne drüben auf dem Platz. Und die Haare flogen ihr übers Gesicht. Vom Wind.

Beim zweiten Mal guckte ich durch Vaters Feldstecher. Das Bild wackelte und war unscharf. Außerdem guckte ich nur flüchtig hin. Okay! Dann habe ich mir das Mädchen im Kopf selbst zurechtgebastelt, ganz nach Wunsch.

Und da wundere ich mich, daß sie anders aussieht. Ganz schön beknackt! So denke ich am Morgen beim Zähneputzen und zeige meinem Spiegelbild die Zunge.

Ich bin also jetzt vernünftig.

Sehr vernünftig.

Doch das Brötchen zum Frühstück lasse ich liegen, und die heiße Milch rühre ich nicht an.

„Es gibt so Tage“, meint Mutter. „Das geht vorbei, Sebastian. Ich tu dir eine Schnitte mehr als sonst in die Tasche. Und mach die Flurtür leise zu!“ sagt sie, als ich aufbrechen will. „Vater pennt noch. Der braucht den Schlaf. Und kauf dir Kakao in der Pause.“

„Ist gut.“

Draußen singen die Vögel.

Der Himmel ist blau.

Es ist warm.

Scheu gucke ich zum Wagen am Damm rüber – nur ganz kurz. Nur ganz flüchtig. Nur ein bißchen.

Aber sofort spüre ich wieder den Schmerz. Er kommt vom Magen oder vom Bauch rauf. Und so pfeife ich leise vor mich hin.

Manchmal hilft das.

Heute nicht.

Der Bus.

Die Sonne beißt mir während der Fahrt in die Augen. Ich möchte heulen. Verflixt, ausgerechnet im Bus ist mir zum Heulen. Die ganze Nacht hatte ich Zeit genug dazu. Ich also beim nächsten Halt raus und rüber zum Bahnwärterhäuschen.

Da hocke ich.

Um halb zehn esse ich eine Schnitte. Da ist Pause in der Schule. Danach haben wir zwei Stunden Sport. In der Zwölfuhrpause verdrücke ich die zweite und dritte Stulle. Und so gegen halb zwei breche ich auf. Dienstags geht Mutter später zum Putzen. Da treffen wir uns noch kurz im Korridor.

„Wie war's?“ fragt sie.

„Gut“, sage ich.

„Du hattest die Turnschuhe vergessen. Sie lagen auf dem Garderobenschränkchen. Vater wollte sie dir schon mit dem Auto rüberbringen. Aber ich hab gesagt: Der turnt auch barfuß oder in Strümpfen. Mach besser die Schublade in der Küche fertig, bevor du auf Schicht gehst. Die klemmt schon ewig. Und da hat Vater die Schublade repariert. Endlich mal.“

Ich nicke.

Und ich denke: Morgen mußt du vorsichtiger sein. Da darfst du nichts vergessen.

„Ich geh dann, Sebastian!“

„Ist gut.“

„Ich hab dir die Dose mit Ravioli hingestellt. Die brauchst du nur warm zu machen. Und da ist Fleischwurst im Kühlschrank.“

„Ja, ja ...

Kaum ist Mutter weg, mache ich mich wieder auf die Socken. Heute nachmittag ist es nicht so still am Bahnwärterhäuschen wie gestern. Von der Wagensiedlung herüber hört man den Lärm der Kinder. Für einen Tag hatte dieser schreckliche Hitler auch ihre Spiele auf dem Platz abgemurkst. Aber Kinderspiele sind zäh. Mutter hat mir mal erzählt, daß die Kinder in Hitlers Todeslagern sogar noch Spiele gespielt hätten.

Da kriegt man eine Gänsehaut.

Ich warte, bis der Mond hoch über den Ästen steht. Er ist runder als gestern, runder und heller.

Dann breche ich auf.

Mutter guckt mich ganz komisch an, sagt aber nichts. Zum Glück ist Vater noch nicht von der Mittagsschicht zurück. Der hätte gemotzt.

Mittwoch morgen ist alles unberührt, und die Gänseblümchen in der Vase sind verwelkt. Mir ist zum Heulen.

In der Nacht zum Donnerstag gibt es ein Unwetter mit Blitz und Donner, Platzregen und Sturm. Ich gucke aus dem Fenster zum Wagen am Damm. Aber da rührt sich nichts. Und ich denke:

Im Wagen ist sie sicher. Und bestimmt verkriecht sie sich unter einer Decke, die warm ist und mollig.

Da kriege ich selbst ein wohliges Gefühl, krieche in mein Bett zurück und kuschle mich in die Kissen. Und denke, daß sie schöne Haare hat. Und schöne Augen. Und daß sie eigentlich ein schönes Mädchen ist. Für mich jedenfalls. Und daß man eigentlich nur für jemanden schön ist. Nicht für alle. Was für den einen schön ist, das findet der andere bescheuert. So denke ich. Und daß ich ihre Stimme hören möchte. Und daß es schön wäre, wenn sie jetzt bei mir wär.

12

In ihrer kleinen Wohnung hat das Nachtgewitter ziemlich gewütet. Die Teerpappe hängt runter, der Tisch ist umgekippt. Alles sieht etwas verwüstet aus. Ich bringe das noch am Morgen in Ordnung. Sie soll keinen Schreck kriegen.

Ich lausche.

Nein, es sind nur die Tropfen, die vom Dach des Bahnwärterhäuschens runter auf die Pappe fallen. Geduckt hocke ich da. Es ist naß und kühl. Und ich denke an die Schule. Bald werden sie zu Hause anrufen. Oder sie werden einen Brief schicken. Oder Herr Metzen, mein Lehrer, wird zu uns kommen. Vor dem habe ich sowieso Angst.

Wieder lausche ich. Diesmal ist es der Wind. Und der Zug kommt. Ich stehe auf. Und ich nehme eines der welken Gänseblümchen aus der kleinen Vase und stecke es in die Brusttasche meines Hemdes. Dann schnappe ich meine Schultasche und gehe los.

Der Bus ist fast leer.

Im Schulflur ist kein Mensch.

Ich platze mitten in die Stunde.

Wir haben Mathe.

Dem Lehrer erzähle ich was von einer Magengrippe mit Husten und Durchfall. Das hatte ich mal. Da kenne ich mich aus. Aber er fragt nicht weiter, will nicht mal einen Entschuldigungszettel.

13

Ich warte auf die Schwester bei der Unterführung. Da kommt sie gewöhnlich her – auch heute. Ihre Ordensklamotten flattern im Wind.

„Hallo!“ rufe ich und wundere mich, wie einfach das ist. „Kann ich Sie mal sprechen?“

„Mich?“ schnauft sie ächzend und steigt vom Rad. Ich schätze sie um die Fünfzig. „Ja?“

Fragend guckt sie mich an.

„Ich möchte Sie fragen, ob Sie mir was über die Asylanten erzählen könnten.“

„Die drüben im Lager sind?“

„Ja. Ich wohne gegenüber – in dem großen Haus. Und ich hab mitgekriegt, was Sonntag nacht passiert ist.“

„Verstehe!“ nickt sie und schiebt das Rad weiter. „Und jetzt möchtest du mehr über die Leute erfahren. Hm! Finde ich gut. Ich denke, du machst erst mal mit mir den Rundgang durchs Lager. Da kriegst du schon was mit. Dann werden wir weitersehen ... Ich bin Schwester Stefanie. Und du? Wer bist du?“

„Sebastian Figurski“.

„Figurski“, wiederholt sie und blickt kurz zur Seite. „Das ist polnisch, nicht deutsch. Das heißt, daß dein Opa oder Urgroßvater mit vielen anderen vom Osten rüberkam, um hier zu leben und zu arbeiten. Sie wurden damals verlacht und als Pollacken beschimpft. Und viele haben sich geschämt und sich deutsche Namen zugelegt. Wußtest du das?"

„Nein."

„Warum ich das sage?" fährt Schwester Stefanie fort. „Sprich nicht von Asylanten! Das ist kein gutes Wort, ähnlich wie früher Pollack. Es ist inzwischen fast ein Schimpfwort geworden und steht für Bummelant, Spekulant und Simulant. Du weißt sicher, was das heißt."

Nein, nicht genau.

Aber ich nicke.

„Asylbewerber – das ist das bessere Wort. Asylbewerber sind Leute, die auf der Flucht sind und bei uns Aufnahme, Schutz und Hilfe suchen – nämlich Asyl. Das ist ihr gutes Recht. Das steht so in unseren Gesetzen. Und wir haben die Pflicht, ihnen zu helfen. Oder würdest du jemanden, der hilflos auf der Straße liegt, sterben lassen?"

„Nein", sage ich.

Sie schaut sich um, überquert die Straße und spricht dann weiter: „Asylbewerber sind also Leute, die in ihrer Heimat in große Not geraten sind. Weil sie verfolgt werden. Oder weil man sie dort sogar umbringen will – nur, weil sie gegen ihre Regierung sind. Oder sie fliehen vor Krieg, Hungersnot, Elend ... Was weiß ich. Daß es auch mal Betrüger darunter gibt, die unsere Hilfe ausnutzen, ist klar. Das müssen die Beamten prüfen, die damit zu tun haben. Und das ist ein ganz wichtiges und schwieriges Kapitel, zugegeben. Nur: Weil es auch solche Leute gibt, dürfen die anderen nicht darunter leiden. Und wir können nicht alle mit unserem Mißtrauen demütigen und erniedrigen.

Verstehst du?"

Wieder nicke ich. Und ich frage: „Kennen Sie alle Leute im Lager? Ich meine: Jeden Jungen ..." Ich hole tief Luft. „Oder jedes Mädchen?"

„Nein", sagt sie. „Nicht alle. Aber die meisten. Über einige wissen wir allerdings so gut wie nichts. Sie sprechen vielleicht einen seltenen Dialekt. Und unser Übersetzer versteht kaum ein Wort. Oder sie reden nicht über sich. Sie wollen nicht, können nicht, was weiß ich. Manche hat das Entsetzen in ihrer alten Heimat stumm gemacht ..."

Wir nähern uns dem Lager. Und Schwester Stefanie geht langsamer. Bestimmt haben einige Kinder sie schon entdeckt.

„Da ist, um ein Beispiel zu nennen, das Mädchen vom Damm", sagt sie. „Ein stilles, scheues Ding ..."

Mir wird ganz komisch.

Aber Schwester Stefanie, die geradeaus guckt, achtet nicht auf mich: „In ihrer Heimat ist Krieg. Jeden Abend zeigen sie die grauenvollen Bilder aus Kroatien und Bosnien. Du weißt. Und die Zeitungen sind auch voll davon ..."

Ich hebe die Schultern. Schon möglich.

Eine Horde Kinder stürmt drüben im Lager los. Schwester Stefanie sagt noch rasch: „Die Leute im Wagen am Damm waren selbst auf der Flucht, als sie das Mädchen im Kugelhagel zwischen Trümmern entdeckten und mitnahmen. Ob Vater und Mutter oder Geschwister leben oder unter den Trümmern lagen, weiß niemand. Denn das Mädchen spricht nicht ..."

Kinder umringen uns und begleiten uns lärmend bis zum Lager. Dort kommen Erwachsene auf uns zu, die uns von allen Seiten bedrängen. Es wird eng. Ich höre Worte, die ich nicht verstehe, sehe fremde Gesichter. Hände. Ich trotte der Schwester hinterher – ein bißchen wie im Nebel.

Dann kriegen wir wieder Luft.

Und Schwester Stefanie seufzt lachend: „Immer dasselbe! Mein Merkzettel ist randvoll. Und das bedeutet morgen im Büro: Schreiben oder pausenlos telefonieren – dabei bitten, betteln, drohen, notfalls mit dem lieben Gott ..." Sie schmunzelt. „Aber ich rede und rede. Und du hast eine wichtige Frage, Sebastian. Raus damit!"

Ich deute mit dem Kopf zu dem Wagen am Damm und sage: „Wohnt ... sie dort?"

„Wer? Das Mädchen?"

„Ja."

Schwester Stefanie nickt, wird sehr ernst. Und ich frage: „Darf ich sie mal sehen?"

Mein Wunsch gefällt ihr nicht.

„Weißt du ..."

„Bitte!" dränge ich.

Ich gucke sie groß an, und sie guckt mich groß an.

„Komm mit!" sagt sie kurz.

Und mit großen, energischen Schritten stiefelt sie, ohne sich nach mir umzudrehen, auf den Wagen am Damm zu. Dort warten schon lächelnde Menschen. Männer, Frauen, kleine Kinder. Und die Schwester fragt, ob sie das Mädchen mal sehen könne.

Alles nickt.

Eine Frau steigt in den Wagen und kommt mit zwei Schemeln wieder raus, denen Beine fehlen. Schwester Stefanie winkt ab, schüttelt den Kopf. „Nein“, sagt sie, „nicht die kaputten Stühle. Die hab ich längst aufgeschrieben. Das geht in Ordnung! Das Mädchen! Versteht ihr! Ich will das Mädchen sehen! Mädchen!“

Sie deutet auf den Wagen.

Wieder verschwindet die Frau.

Und diesmal bringt sie das Mädchen mit. Es wird ganz still um uns. Und ich gehe zu ihr, gebe ihr das welke Gänseblümchen.

14

Der Mond ist fast rund. Wolken jagen über ihn weg. Mir ist kalt.

Ich beuge mich über die Uhr.

Verflixt! Ich muß weg.

Vater kommt gleich. Und ich werde Ärger kriegen. Er wird toben und krakeelen. Und wer weiß, was dem sonst noch einfällt.

Ich stehe auf, zwänge mich durchs Gebüsch und gucke zum Lager der Asylbewerber rüber. Da tut sich nichts. Alles ist still. Nebel liegt über den Wiesen.

Ich renne los.

Auf unserer Straße gehe ich langsam. Von der Rennerei habe ich Seitenstiche. Ich bin nicht gut im Sport. Wenn sie in der Schule Mannschaften wählen, komme ich fast immer als letzter dran.

Vaters Auto sehe ich noch nicht auf dem Parkstreifen vor dem Haus. Hab also Schwein gehabt.

Die weiße Schrift auf der Straße ist weg. Sie haben Teerfarbe drübergepinselt. Für mich steht sie trotzdem da. Für immer wird sie da stehen.

Vaters Wagen! Rasch ins Haus! Oben wartet Mutter schon in der Tür: „Ja, sag mal! Bis jetzt hab ich ja nix gesagt. Aber wenn du jetzt jeden Abend…“

„Vater kommt.“

„Dann rasch! Aber wir müssen da noch mal drüber sprechen, Sebastian. So geht das nicht!“

Ich zucke die Achseln.

Als Vater reinkommt, sitzen wir vor der Glotze.

„Der Junge ist noch auf?“

„Da war ein schöner Film“, sagt Mutter. „Hast du mit dem Steiger über den Urlaub gesprochen? Die vom Reisebüro haben angerufen. Die können nicht ewig warten. Alle wollen in die Türkei, Vater. Weil Jugoslawien ausfällt. Weil da Krieg ist.“

„Mh“, brummt Vater und setzt sich an den Tisch. „Bin ich nicht zu gekommen. Aber guck mal hier!“

Er legt einen Zettel auf den Tisch. „Den haben die vor dem Zechentor verteilt. Früher hab ich ja nix von den Republikanern gehalten. Weißt du ja. Aber was die hier schreiben!"

Mutter guckt über seine Schulter.

„Aber, Vater ..."

„Nee, nee! Lies das mal! Das ist gar nicht so übel, du! Die sagen wie's ist – endlich mal jemand! Die wissen noch, was deutsche Arbeiter wert sind. Wenn morgen Wahl wäre, wüßt ich, was ich ankreuzen würde."

Mutter schüttelt den Kopf.

„Vater! Das kannst du doch nicht machen. Da würde sich der Opa im Grab rumdrehen, wenn der das wüßte. Der hat schon SPD gewählt. Und der Vater vom Opa auch. Und das sogar unter den Nazis ..."

„Weil der Opa einen Garten hatte", sagt Vater trotzig. „Und Hühner. Und sogar eine Ziege im Stall. Und Tauben. Da haben die Sozis noch für unsereins gekämpft. Jawoll! Da war der deutsche Arbeiter noch wer. Jetzt ist er der letzte Dreck."

„Nee, Vater ..."

„Halt du auch noch mit den Rumtreibern und Zigeunern da unten! Wird ja immer besser ..."

„Tu ich ja nicht. Nur ..."

Ich gähne, stehe auf und schwirre ab auf mein Zimmer.

Obwohl ich sehr müde bin, kann ich nicht schlafen. Musik brauche ich heute nicht. Ich brauche Stille im Kopf.

15

Sie sitzt auf dem Ziegel, auf dem ich sonst immer hocke. Der Wind streift ihre Haare.

„Hallo!" sage ich leise, um sie nicht zu erschrecken. „Da bist du ja!"

Ich setze mich auf einen Balken, stelle meine Schultasche ins Gras. „Ich hab das ganze Wochenende auf dich gewartet", sage ich. „Aber du bist nicht gekommen."

Ich zucke die Achsel.

„Macht aber nix!" sage ich und lache verlegen. „Hauptsache, du bist jetzt da."

Sie guckt mich groß an.

Ich deute auf meine Tasche.

„Ich komm direkt von der Schule, weißt du ... Schule!" Ich mache die Bewegungen des Schreibens. „Schreiben, Lesen, Rechnen und alles ... Unterricht ... Lernen ... Lehrer ... Schule! Verstehst du?"

Sie nickt.

Natürlich versteht sie nichts.

Und sofort wird es sehr still. Und man hört die Bienen und Fliegen summen, die in der Mittagssonne über den Büschen blitzen.

„Ich hab noch nix gegessen", sage ich, um was zu sagen, und hole, um was zu tun, meine zwei Frühstücksäpfel raus. „Magst du?"

Einen gebe ich ihr.

Sie macht einen winzigen Biß, ich mache einen großen. Kauend sage ich:„Du brauchst keine Angst zu haben. Ich tu dir nix!“

Sie hat auch keine Angst.

Sie ist nur scheu.

Ihr blaues Kleid, das wie ein abgetragenes Nachthemd aussieht, wirkt etwas schäbig. An ihrer Holzsandale ist ein Riemen los.

„Schmeckt er?“ frage ich lächelnd und hebe den Apfel in die Höhe. „Du ißt ja kaum was.“

Jetzt lächelt auch sie. Jedenfalls sieht ihr Gesicht nach Lächeln aus. Und ich spüre, daß sie es gern hat, wenn ich mit ihr spreche, auch wenn sie kein Wort versteht.

Und so plappere ich munter los. Ich sage ihr, wie ich heiße, daß meine Mutter Büros putzt und mein Vater auf der Zeche nach Kohle buddelt. Daß ich vier Tanten und drei Onkel habe, fünf Cousinen und zwei Cousins, alle viel zu klein, um mit ihnen spielen zu können. Daß ich keine Opas und Omas mehr habe, weil alle tot sind. Und daß ich Reibekuchen gern mag, am liebsten mit Apfelmus.

Noch nie hab ich so viel an einem Stück gequatscht. Und sie sitzt da, macht hin und wieder einen Mäusebiß in den Apfel, guckt mich stumm an und hört mir zu. Dann steht sie auf.

Sie muß gehen. Und ich rufe ihr nach: „Bis morgen ... Nein! Bis nachher, falls du kannst. Ich guck vom Fenster runter. Da sehe ich dich, wenn du zu deiner Wohnung gehst. Okay?"

„Ja", sagt sie.

Natürlich sagt sie nicht ja. Aber ich wünsche mir, daß sie es sagt. Ich gucke ihr nach. Und sie guckt sich ein paarmal um.

16

Um halb drei kommen die Bauwagen. Man stellt sie am Straßenrand ab. Den kleinen Bagger fahren sie gleich auf das Unkrautfeld neben dem Lager. Dann beginnt er zu rattern und schmale Erdgruben auszuheben. Den Dreck schiebt er zum Bahndamm rüber. Dann kommen Autos mit Beton. Den kippen sie in die Gruben. Dann kommen Moniereisen rein, dann wieder Beton. Dann rammen sie ein Schild in den Boden: „Betreten der Baustelle verboten!“

Ruckzuck – fertig!

Unglaublich!

Jede Menge Betonsockel ragen aus dem Boden. Und auf dem frischen Erdhaufen beim Bahndamm toben die Kinder aus dem Lager ausgelassen wie noch nie. Die Großen stehen in Gruppen zusammen, plaudern laut, lachen. Das ist wie ein Feiertag da unten.

Es ist sechs.

Vater, der Morgenschicht hat, jagt wie ein Wahnsinniger durch die Wohnung und von Fenster zu Fenster.

„Jetzt hab ich die Schnauze voll!“ tobt er. „Das können die mit uns nicht machen! Jetzt ist aus! Wollen doch mal sehen!“

Um halb sieben mache ich mich aus dem Staub, ehe Mutter vom Putzen zurückkommt.

Das Mädchen ist schon da. Sie hat ein schmales rotes Band im Haar, kaum zu erkennen. Aber ich bemerke es sofort.

Fast werde ich verrückt!

Und ziemlich rot, glaube ich.

Am liebsten würde ich jetzt rumalbern,irgendwas Idiotisches machen – einen Handstand, wenn ich einen könnte. Oder lachen, schreien. Aber ich sage ganz ruhig und ernst: „Du mußt mir deine Sandale geben. Weißt du. So kannst du nicht rumlaufen.“ Und ich hole die Sachen aus der Tasche, die ich mitgebracht habe, lege sie auf den kleinen Tisch: Hammer, Zange, jede Menge Schraubenzieher, Holzschrauben, Nägel – Vaters halben Werkzeugkasten. Sie guckt mich fragend an. Ich deute auf ihre Füße. „Die Sandale!“ sage ich. „Ein Riemen ist ab.“ Ich zeige mit dem Finger drauf. „Da, guck!“ Sie nickt.

Eigentlich habe ich zwei linke Hände. Meint jedenfalls Vater. Darum nimmt er mir alles aus den Flossen, was nach Handwerk riecht. Und weil er mir alles abnimmt, habe ich nie gelernt, was halbwegs Gescheites zu basteln. Die ersten Nägel werden krumm, einer bricht, und ich kriege mit der Zange den Rest nicht raus. Und das Mädchen sitzt da mit einem nackten Fuß und guckt mir stumm zu.

Ich zucke die Achsel. „Hartes Holz...“ Sie nickt. „Und schlechte Zange ... Weißt du. Aber das kriegen wir schon hin. Da, siehst du?“ Endlich. Der Stift ist draußen. Aber das Holz platzt und splittert etwas. Das sieht schlecht aus. „Blöd, was?“ Sie nickt.

Ich muß lachen. Auch sie lacht. Wir lachen beide. Und wir werden beide im selben Augenblick wieder stumm. Und es fällt mir schwer, sie anzugucken. Zum Glück habe ich die Sandale.

Zugegeben: Das wird kein Meisterstück – ein krummer Nagel, eine vermatschte Schraube. Aber es hält. Und es ist mittlerweile dunkel geworden. Ich sage, als wir gehen: „Schlaf schön!“

17

Zu Hause erwarte ich ein Donnerwetter, doch Vater ist gar nicht da.

Mutter hat tiefe Augen.

Und das Schlimme: Sie fragt nicht, warum ich wieder so spät komme. Sie sagt: „Sie fangen an ... Hast du gesehen, Sebastian?"

„Ja", sage ich.

„Ab morgen verlegen sie Kabel und Rohre. Und übernächste Woche stellen sie schon die Fertighäuser auf die Sockel. Keine drei Tage, dann stehen die. So fix geht das heutzutage. Der Erich Kowallek von nebenan hat bei der Stadt angerufen."

„Wo ist Vater?"

„Drüben! Bei Erich Kowallek. Der hat alle Nachbarn zusammengetrommelt. Man darf sich nicht alles gefallen lassen. Wenn erst Häuser da unten stehen, bleiben die für immer da. Und wir haben das Gesocks ewig vor der Nase. Und ihre Villen, die sie für nix gekriegt haben. Wahrhaftig für nix! Und jetzt denk mal an die Kowalleks, die vielleicht bald hier raus müssen, weil die Miete zu hoch ist ... Denk mal an die, Sebastian!"

Herr Kowallek ist letztes Jahr arbeitslos geworden, weil seine Firma Pleite gemacht hat. Er war Lagerarbeiter. Er rennt von Pontius zu Pilatus, um Arbeit zu kriegen. Oder er steht sich auf dem

Flur vom Arbeitsamt die Beine in den Bauch. Vergeblich! Seitdem ist bei Kowalleks die Hölle los – dauernd dicke Luft und Stunk, ziemlich schlimm. Das hört man im ganzen Haus. Und oft sitzt Frau Kowallek bei meiner Mutter und heult sich die Augen aus. Und Urlaub machen können die jetzt nur noch im Sauerland. Ein paar Tage, wenn überhaupt. Das Auto mußten sie verkaufen. Die haben nämlich zwei kleine Kinder. Ein drittes ist unterwegs. Und Blagen kosten heutzutage viel Geld, wie Mutter immer sagt.

Mir ist gar nicht gut.

Und ich setze mich rüber ans Fenster und gucke auf das Lager. Auch auf den Wagen am Damm.

Das ist alles so kompliziert.

Kowalleks kann man wirklich verstehen – irgendwie. Zumindest, warum sie sauer sind.

Andererseits geht's den Flüchtlingen da unten noch viel, viel dreckiger. Und von dem Luxus, den Erich Kowallek in einem Wagen gesehen haben will, bleibt nicht viel übrig, wenn man genau hinguckt. Das hat Schwester Stefanie gesagt. Auch arbeitsfaul sind sie nicht. Sie dürfen gar nicht arbeiten. Das ist Gesetz. Und einen Fernseher brauchen die zur Ablenkung, sonst werden sie verrückt – vor allem die Männer. Oder sie kriegen sich dauernd in die Wolle, eng wie sie eingepfercht sind. Und was haben die durchgemacht! Und was kommt noch alles auf die Flüchtlinge zu!

„Sie wollen eine Bürgerinitiative gründen", höre ich Mutter sagen. „So nennt man das. Damit können

sie auf die im Rathaus Druck machen. Aber zuerst müssen sie noch mehr Leute zusammenkriegen – aus dem ganzen Wohnviertel. Deswegen verteilen sie morgen überall Zettel. Und übermorgen treffen sich alle im Bergstübchen. Du weißt schon wo."
Ja, ich kenne die Kneipe, zwei Straßen weiter.

18

In der großen Pause gehe ich zu Lehrer Metzen, der Aufsicht hat. Mein großer Bammel vor ihm ist mir jetzt egal.

„Ich hab eine Frage."

Er guckt mich überrascht an.

„Du? Na, denn mal los!"

„Muß ein ... Asylbewerber zur Schule? Ich meine, wenn er zwölf oder dreizehn oder vierzehn ist. Oder auch jünger oder älter. Muß er?"

„Nein", sagt er und setzt seinen Rundgang fort. „Er muß nicht. Er darf, wenn er will. Oder sagen wir mal, wenn seine Eltern das wollen. Verstehst du? Amtlich heißt das: Er hat ein Schulrecht, aber keine Schulpflicht – etwa wie du als Deutscher. Du mußt. Er darf. Aber warum fragst du?"

„Nur so."

„Kennst du da jemanden?"

„Ja", sage ich und will rasch gehen. Er hält mich zurück.

„Moment noch! Wenn dich das interessiert, Sebastian, können wir gern mal im Unterricht über die Asylbewerber sprechen. Letzte Woche war die Zeitung ja voll davon. Sag mal, wohnst du nicht sogar drüben am Lager bei der Zechenbahn?“

Ich nicke.

„Mh!“ brummt er und macht sich wieder auf den Weg. „Da hast du ja die Krawalle in der Sonntagnacht mitgekriegt. Nicht wahr?“

„Ja.“

Ich gehe neben ihm her.

„Ist das ein Junge aus dem Lager?“ forscht er. „Ich meine, den du da kennst “

„Kein Junge.“

„Also ein Mädchen.“

Ich antworte nicht.

„Na schön. Mehr will ich gar nicht wissen, Sebastian. Nur: Wenn du mal mit jemandem drüber sprechen möchtest, komm einfach zu mir. Oder wenn du Hilfe brauchst.“

„Ja“, sage ich. „Danke.“

In der nächsten Stunde zeige ich ein paarmal auf. Auch in der übernächsten. Meine Angst ist weg. Aufzeigen ist überhaupt nicht schwer. Man braucht nur mit dem Finger in die Luft zu pieksen. Spaß beiseite! Richtig aufgekratzt bin ich.

19

Der Hammer kommt nach Schulschluß: Das Mädchen ist nicht am Bahnwärterhäuschen. Ich also nach Hause.

Im Lager ist es merkwürdig still. Nur die Arbeiter, die die Rohrleitungen und Kabel verlegen, machen etwas Lärm. Was ist los?

Mit Karacho renne ich die Treppen hoch. Vater ist noch nicht von der Morgenschicht zurück. Ich

stürze ans Fenster. Da sehe ich die Hakenkreuze. Sie haben Hakenkreuze an die Wagen geschmiert – auch an den Wagen am Damm.

An ihren Wagen!

Zuerst bin ich wie betäubt. Dann kommt die Angst. Ich greife zum Telefonhörer im Korridor. Die Nummer von ihrem Büro hat mir Schwester Stefanie aufgeschrieben. Rappelig wie ich bin, wähle ich.

„Schmidt."

Mist, verwählt!

Ich drücke auf die Gabel, wähle noch mal. Diesmal ruhig, zwischen jeder Zahl eine kleine Pause.

„Caritas ... Ja, bitte?"

„Ist Schwester Stefanie da?"

„Ja. Augenblick."

Ich warte, gucke beunruhigt zur Flurtür. Schritte draußen, Lärm.

Ich lausche angestrengt. Nein, das ist zum Glück noch nicht Vater. Kinderstimmen, Husten, Lachen. Ein Türschloß ratscht. Das ist drüben bei Kowalleks.

„Hören Sie? Wen darf ich melden?"

„Sebastian Figurski."

„Gut. Warte!"

Endlich Schwester Stefanie: „Hallo, Sebastian. Finde ich schön, daß du dich meldest ..."

„Sie haben Hakenkreuze an die Wagen geschmiert", falle ich mit der Tür ins Haus und horche atemlos in die Muschel.

„Ich weiß", sagt sie ruhig. „Das muß am frühen Morgen passiert sein. So zwischen fünf und sechs. Kurz nach fünf hat eine Libanesin, die auf die Toilette mußte, die Kreuze noch nicht bemerkt. Eine Stunde später aber waren sie da."

Ich nicke beklommen.

„Aber ... was jetzt?“ sage ich zögernd. „Das ... das ist alles so kompliziert.“

„Kompliziert!“ sagt Schwester Stefanie. „Wenn du das so siehst, bist du, glaube ich, auf dem richtigen Weg, Sebastian. Hör zu ... Augenblick!“

Irgend jemand fragt sie etwas.

Sie antwortet.

Ich warte.

Dann: „Sebastian? Wie gesagt: Du bist auf dem richtigen Weg. Die ganze Sache ist in der Tat schrecklich kompliziert. Und es gibt tausend hirnverbrannte oder auch halbwegs begreifliche Gründe, warum manche Deutsche gegen solche Lager sind. Aber auch die Asylgesetze und das Asylverfahren sind mehr als kompliziert ... Sebastian? Hallo?“

„Ja. Ich bin noch dran.“

„Sag mir, wenn ich dir auf den Keks gehe! Also: Da gibt es Lücken für Asylbetrüger, aber auch Fallstricke für echte Bewerber. Da müßten schnellstens bessere Gesetze her. Aber was ist besser? Die Politiker reden sich die Köpfe heiß ...“

Wieder wird sie unterbrochen.

Ich warte, gucke zur Tür.

„Hörst du?“ meldet sich Schwester Stefanie zurück. „Zu den praktischen Hilfen, die wir heute leisten müssen, kommen also tausend schwierige Fragen und mögliche Antworten für morgen hinzu. Für die großen Vereinfacher ist nichts kompliziert: Schuld an allem sind immer die anderen, ist immer das Fremde. Und wer anders und fremd ist, ist schuld! Hier gut, da böse."

Ihre Stimme ist laut geworden.

Und heftig und zornig.

Sie macht eine kurze Pause und fährt dann überraschend ruhig und gefaßt fort: „Auch nackte Gewalt, Haßparolen und Hakenkreuze sind solche Vereinfachungen, Sebastian. Abscheuliche, grausame Vereinfachungen. Aber das mach denen mal begreiflich, die heute morgen die Wagen vollgeschmiert haben!"

Ich höre auf der Treppe schwere Schritte, rasselnden Atem, dann Schuhabtreten auf unserer Matte.

„Ich ... ich muß Schluß machen", sage ich leise. „Mein Vater kommt."

„Gut", sagt sie. „Komm doch bitte morgen nach der Schule zu mir ins Büro!"

Rasch lege ich auf.

Und ich verdrücke mich.

Erst geht Vater gewöhnlich aufs Klo, dann in die Küche. Dann guckt er ins Kinderzimmer rein. Heute kommt er sofort zu mir. Ich höre, daß er bester Laune ist.

„Hab ich dich geweckt?"

„Nein", sage ich und stehe langsam von der Couch auf.

„Mh!" sagt Vater. „Hab ich dir mitgebracht." Er gibt mir ein neues Spiel für meinen Taschencomputer. „Da warst du doch ganz wild drauf."

„Ja“, sage ich.

Die Mini-Kassette kostet fast fünfzig Mark. Gestern wäre ich ihm dafür um den Hals gefallen. Heute habe ich Mühe zu lächeln. Und ich kann ihn nicht angucken, starre auf das Spiel. „Danke.“

„Du freust dich ja gar nicht.“

„Doch, doch.“

Ich schlucke und schlucke, bin drauf und dran, loszuheulen wie ein kleines Kind.

Vater brummelt irgendwas, geht raus. Ich starre immerzu auf mein Angstbuch im Regal, bis die

nasse Spur, die auf meiner Wange brennt, trocken ist. Dann gehe ich zur Küche und lehne mich gegen den Türrahmen.

„Wann mußt du morgens raus?“

„Bei Frühschicht? Weißt du doch“, sagt Vater, der am Herd steht und mit der Gabel in den Koteletts rumstochert, die im Fett zischen. „Um sechs ist Seilfahrt. Und mit Umziehen und so muß ich um halb hier weg. Spätestens. Da wird's schon knapp. Aber warum fragst du?“

Er steht mit dem Rücken zu mir. Und ich kann seine Glatze am Hinterkopf und seinen Specknacken erkennen. Alle Nazis hatten Glatze und Specknacken. Das zeigen sie immer in den Filmen. So war es auch lange in meiner Vorstellung. Aber das ist komplizierter. Es gab schöne Nazis und häßliche. Dicke, dünne, große, kleine. Sogar kluge und dumme. Alle möglichen Typen.

Onkel Theo, zum Beispiel, eine Seele von Mensch, hat Specknacken und Glatze!

Jetzt guckt sich Vater um.

Und ich sage:

„Du bist ein Pollack!“

Nein, ich sage es noch nicht. Ich denke es nur.

20

Es regnet. Alles am Bahnwärterhäuschen sieht traurig aus – die Büsche, das nasse Gras. Der Boden, der nach Moder riecht. Auch ihre Wohnung.

Das Mädchen ist sehr still.

Das heißt: Sie ist ja immer still. Aber heute ist sie stiller – irgendwie. Und ich denke an das Hakenkreuz, male es in den Sand und gucke, wie sie reagiert. Nein, das ist es nicht.

„Du hast an deine Eltern gedacht“, sage ich.

„Ja“, sagt sie.

Sie sagt es natürlich nicht, aber ich sage es für sie. „Sie leben noch“, sage ich. „Bestimmt waren sie gar nicht im Haus, als man es kaputtgebombt hat.“

„Sie waren drin“, sagen ihre Augen, sagt ihr Gesicht.

„Das kann man nie wissen“, überlege ich weiter. „Du warst in der Schule, mal angenommen. Und deine Eltern, die geflüchtet waren, sind zurückgekommen, um dich zu suchen. Aber da warst du schon weg – mit den Leuten, die dich mitgenommen haben ... Das kriegen wir raus. Die Schwester muß uns helfen. Die weiß, wie man so was macht. Aber du mußt deinen Namen sagen. Ohne Namen können sie keine Nachforschungen machen. Hörst du?“

Nein, sie hört nicht.

Sie weint stumm.

Ich weiß nicht, wo ich hingucken soll. Deshalb gucke ich immerzu auf ihre Sandale. Auf den krummen Nagel. Auf die vermatschte Schraube.

Als sie sich etwas beruhigt, setze ich mich zu ihr. Ich hab den Stock noch in der Hand, mit dem ich das Hakenkreuz aufgemalt habe.

„Das – ist – das – Haus – von – Bethlehem", sage ich und ritze Strich für Strich in den Sand – in einem Zug, ohne abzusetzen. Ein altes Kinderspiel. „Kannst du das?"

Sie ist zu alt für das Spiel.

Aber sie versucht es.

Ich lache. Sie weint und lacht. Beides.

Und ich nehme ihre Hand, führe sie. „Das – ist – das – Haus... Siehst du? Jetzt weiter. Und in einem durch. Sonst hast du verloren. Probier's noch mal!"

Ich sage den Spruch auf.

Sie macht es und weint nicht mehr.

Einmal, zweimal, dreimal ...

Irgendwann sage ich: „Ich heiße Sebastian." Sie guckt mich groß an. Ich deute auf mich und wiederhole: „Sebastian."

Dann zeige ich auf sie.

„Und du?"

„Jela", sagt sie leise.

21

Die Caritas ist eine von vielen Hilfsorganisationen, die sich um notleidende Menschen kümmern. Die Caritas ist kirchlich. Davon merkt man in Schwester Stefanies Büro wenig.

Ihr Schreibtisch ist überladen. Vor ihrer Tür drängen sich die Leute. Da ist ein Kommen und

Gehen! Und den Telefonhörer hat Schwester Stefanie so gut wie immer am Ohr.

Ich hocke still in einer Ecke, wo ich nicht störe, und staune Bauklötze über den Wirbel.

Schwester Stefanie zu mir: „Du mußt wissen: Ein Großteil meiner Arbeit besteht darin, Leute anzusprechen, die helfen können. Bei der Stadt. In der Kirchengemeinde. Bei Firmen. Sogar bei der Polizei und Feuerwehr, wenn's eilig ist. Da kenne ich nichts! Da bin ich hartnäckig wie eine Klette. Und manchmal rede ich mir den Mund fusselig . . ."

Ihre Mitarbeiter nicken.

Einer sagt: „Ich fahr dann los, Schwester. Zum Lager am Katzenkamp. Zu diesem ..." Er guckt auf einen Zettel. „Mavinga Kalimasi aus Togo. Soll ich hart bleiben?"

„Knochenhart!" sagt Schwester Stefanie. „Sag ihm: Wir lassen uns nicht übers Ohr hauen. Sag ihm das! Passiert das noch mal, muß er aus dem Zimmer raus."

Und an mich gewandt: „Das sollst du ruhig mitkriegen, Sebastian: Ich kann nicht nur die liebe Tante spielen ... Leute wie dieser Kalimasi bringen das ganz Lager in Verruf. Am Ende heißt es wieder überall: die Asylanten!"

Um fünf ist Büroschluß. Da hat Schwester Stefanie endlich für mich Zeit. Schweigend hört sie sich meine Geschichte an. Dann sagt sie: „Jela reicht nicht. Du mußt noch den Nachnamen des Mädchens rauskriegen. Vielleicht auch die Vornamen der Eltern oder ihrer Geschwister. Dann werde ich alles tun, um dir zu helfen. Es gibt da verschiedene Möglichkeiten. Aber mach dir keine allzu großen Hoffnungen!"

„Ganz bestimmt leben sie noch."

„Vielleicht!" bremst sie meinen Eifer. „Und dann ist die Frage: Wo stecken sie? Es ist Krieg in Bosnien. Da hat man andere Sorgen, als nach den Eltern eines einzelnen Mädchens zu forschen, das nach Deutschland mitgenommen wurde." Sie erhebt sich. „Aber wie gesagt: Ich werde alles versuchen. Aber jetzt komm! Ich muß zum Zahnarzt."

Neben der Tür hängt ein Bibelspruch. Erst will ich dran vorbei, dann bleibe ich doch neugierig stehen und lese: „Tu deinen Mund auf für die Stummen und für die Sache aller, die verlassen sind. Buch der Sprüche 31, Vers 8."

22

Meine Eltern sind zum Einkaufen in der Stadt. Danach wollen sie noch zu Onkel Theo. Da wird's spät.

Es ist kurz vor sechs.

Ich stehe vor dem Telefon.

Zweimal hatte ich den Hörer schon in der Hand. Jedesmal hab ich wieder aufgelegt. Wieder hebe ich ab. Ich habe Angst. Immer noch. Doch jetzt wähle ich.

„Metzen!"

Seine Stimme klingt streng und scharf. Viel strenger und viel schärfer noch als in der Schule. In der ersten Panik will ich auf die Gabel drücken, doch ich sage heiser: „Hier ist Sebastian Figurski."

Sofort wird seine Stimme weich.

„Nanu, Sebastian!"

Das macht mir Mut. Ich sage: „Es geht um das Mädchen ..." Ich lausche. Er schweigt. Und ich sage: „Ich ... ich möchte, daß sie auf unsere Schule geht. In meine Klasse." Er schweigt. Und ich sage: „Sie kann kein Deutsch. Und sie spricht nicht. Nur, wenn ich dabei bin ... Sie ist stumm." Ich lausche. „Sie hat Schlimmes durchgemacht", sage ich. „Man hat ihre Eltern umgebracht. In Bosnien. Ich weiß nicht wer. Vielleicht leben sie auch ..." Ich rede lauter wirres Zeug.

Wieder lausche ich.

Und er sagt:

„Ich werde mich drum kümmern."

Er sagt es warm und sicher.

So warm, so sicher, daß ich heule. Ich lege auf. Quatsch, ich heule gar nicht. Ich lache. Und ich stecke Papier und Bleistift ein, schnappe meinen Anorak. Dann renne ich, renne los, laufe aber noch mal zurück, nehme den Taschencomputer und stopfe wahllos Spiele in die Tasche. Ich kann nicht immer „Das–ist–das–Haus–von–Bethlehem" mit ihr spielen!

Jela ist schon da.

Ringsum steht alles in Blüte.

Ich sage: „Bald kommst du zu mir in die Schule. Da lernst du Deutsch. Und sie werden deine Eltern suchen, Jela! Hat die Schwester versprochen."

Sie lächelt.

Sie spürt, daß ich ihr was Gutes sage. Und ich lege eine Hand auf meine Brust und sage: „Sebastian. Ich heiße Sebastian."

Und sie nickt und sagt:

„Sebastian."

Sie spricht es so ulkig aus, daß ich lachen muß. Auch sie lacht. Und ich sage rasch: „Sebastian ... Figurski." Dabei klopfe ich mir auf die Brust. „Sebastian Figurski!"

Und sie sagt:

„Jela Silanovic."

Für Sekunden bin ich baff.

Dann gebe ich ihr den Bleistift und den Fetzen Papier. „Schreib es auf: Jela Silanovic! Schreib!"

Und sie schreibt.

Den Zettel stecke ich schnell ein. Denn ich denke: Der Familienname muß ihr weh tun. Und so zeige ich ihr den Taschencomputer und schiebe rasch eine Mini-Kassette rein. „Guck mal!"

Wir beugen uns über den winzigen Bildschirm, die Köpfe zusammen. Die quäkende Computer-Musik findet sie lustig. Auch das kleine Männchen. Als ich es laufen und hochspringen lasse, kichert sie. Ich erkläre ihr die Knöpfe: „So läuft er vorwärts. So zurück. Hier springt er ... Siehst du? Tu's mal! Das ist babyleicht!"

Jela macht das ganz prima.

Sie ist eifrig dabei.

„Da kommt was, Jela. Aufgepaßt! Das sind Feinde. Wenn sie dich berühren, ist's aus mit dir. Dann mußt du von vorn anfangen. Du kannst drüber wegspringen – so, siehst du! Ja, mach's mal! Super! Du kannst aber auch schießen und Bomben werfen. Dann ist der andere kaputt. Und das bringt Punkte. Drück da ... Und da!"

Sie drückt – und wird ganz starr.

Das Gerät fällt runter.

Und sie springt auf und guckt mich an. Ihr Gesicht ist weiß und starr. Ich will zu ihr. Sie weicht zurück. Dann rennt sie davon. Ich ihr nach, hole sie ein. Und sie wehrt sich nicht, als ich sie in ihre Wohnung zurückbringe.

Was jetzt?

Ich bin ratlos, mache mir Vorwürfe.

Da kommt Leben in Jelas Züge.

Und sie guckt zu mir rüber.

Ich gucke rasch zu Boden. Aber dann – egal! – gucke ich sie wieder an – ziemlich verlegen.

Sie lächelt.

Manchmal glaube ich: Sie versteht alles, was ich denke. Nur ich, ich verstehe sie nicht. Und ich frage mich jetzt: Wie willst du für Jela den Mund auftun? Wie willst du ihr helfen, wenn du so saublöd und dumm bist, so bescheuert?

23

Am nächsten Morgen spricht Lehrer Metzen über Jugoslawien, das kaum noch existiert. Er spricht über Bosnien, Kroatien, Serbien und über ich weiß nicht welche neuen Staaten dort. Über den fürchterlichen Krieg zwischen ihnen und über das unsagbare Leid, das er über die Menschen bringt. Über

Gebietsansprüche, uralte Rivalitäten, über verschiedene Religionen und Volksgruppen. Und so weiter. Und so weiter.

Zugegeben: Mir schwirrt schon bald der Kopf. Aber Melanie Greivers, unsere Klassensprecherin, mault: „Soll'n die sich doch die Köpfe einschlagen – eh! Was geht mich das an. Wa? Das Thema find ich voll doof!"

Ich widerspreche.

Andere mischen sich ein. Es gibt einen hitzigen Streit. Ich bin ganz sicher der Lauteste. Als die Schulglocke bimmelt, steht noch keiner auf. Alles redet und redet.

„Pause!" sagt Lehrer Metzen.

Im Flur hält er mich zurück. „Fand ich gut!" sagt er. „Daß du dich so eingesetzt hast. Aber wenn man überzeugen will, muß man was wissen. Ich hab da ein paar Artikel aus der Zeitung kopiert. Über den Krieg. Die geb ich dir mit. Du kannst mich fragen. Alles wirst du nicht verstehen." Und dann: „Wie heißt das Mädchen überhaupt?"

„Jela. Jela Silanovic."

„Gut. Ob sie auf unsere Schule darf, ist rechtlich ziemlich kompliziert. Ich werde mich aber drum kümmern. Kennst du jemanden, der über sie Bescheid weiß?"

Ich nenne ihm Schwester Stefanie und gebe ihm ihre Telefonnummer. Er nickt: „Okay! Das hilft mir etwas weiter."

24

Seit der Hakenkreuzgeschichte liege ich regelrecht auf der Lauer, um Vater zu entlarven. Und ich gucke im Besenschrank und im Keller nach, ob da nicht verdächtige Farbtöpfe oder Spraydosen sind.

Nein, nichts.

Für die Bürgerinitiative ist Vater ständig unterwegs – auf Versammlungen, aber auch, um Zettel zu verteilen. Leider kriegen sie massenhaft Zulauf, sogar aus anderen Stadtteilen, wo's weitere Lager gibt. Und Vater spuckt zu Hause große Töne.

Mir dreht sich der Magen rum.

Und ich flüchte auf mein Zimmer.

Eines Tages treffen sie sich im Bergstübchen mit Leuten von der Stadt, um zu diskutieren. Ich bin natürlich nicht dabei, aber Vater. Der wechselt extra die Schicht. Es wird schlimm.

Alles schreit. Und am Ende fliegen beinahe Stühle und Biergläser. Viel fehlt nicht. Und die Zeitung bringt tags drauf einen giftigen Artikel über die Bürgerinitiative.

Mutter weint.

Und sie traut sich nicht mehr in die Stadt unter die Leute, weil sie einen groben Ausspruch von Vater abgedruckt haben. Und auf dem Zeitungsfoto ist Vater auch drauf, ganz vorn und gut zu erkennen.

„Diese Schmierfinken!“ brüllt Vater. „Die würden was anderes schreiben, wenn sie selbst neben dem ausländischen Pack wohnen müßten.“

Erst will ich wieder raus auf mein Zimmer. Aber in der Tür drehe ich mich dann doch um: „Du Pollack!“

„Was sagst du da?“

„Daß du ein Pollack bist, kein Deutscher. Du bist ausländisches Pack. Dazu noch ein Nazi, der Hakenkreuze an die Wagen unten schmiert.“

„Wer schmiert Hakenkreuze?“

„Du.“

„Sag mal: Hast du sie noch alle? Soll ich dir eine runterhauen? Wie kannst du so was sagen!“

Mutter drängt sich zwischen uns und schiebt mich zur Tür raus. „Vater hat recht, Sebastian! Wie kannst du so was sagen! Der Vater war Sozialdemokrat wie der Opa und der Großopa. Und Gewerkschafter. Die waren immer gegen den Hitler. Da schmiert man keine Hakenkreuze. Wie kannst du so was von Vater auch nur denken! Wie kannst du ihm das antun!“

25

Seitdem ist Funkstille zwischen Vater und mir. Okay: Die Hakenkreuze waren wohl nicht von ihm. Aber er hat viele Hakenkreuze gemalt – nicht mit Farbe, sondern mit Worten.

Ich habe angefangen, Jela Deutsch beizubringen. Man kann nicht ewig nur rumsitzen und Däumchen drehen. Also zeige ich ihr Dinge und sage wie sie heißen. Und sie wiederholt sie – immer wieder, bis sie sitzen. Vater, Mutter und so lasse ich weg, obwohl ich Bilder hätte. Aber Baum und Stein und Straße und Haus und solche Sachen kann sie schon bald. Jela lernt ziemlich rasch. Sie ist sehr schlau. Bestimmt viel schlauer als ich.

Wir machen auch Spaziergänge durch die Wiesen und Felder hinter dem Damm. Oder zu einem kleinen Wald ganz in der Nähe. Dabei halte ich ihre Hand. Oder sie hält meine.

Jeden Tag frage ich Schwester Stefanie, ob sie schon was über Jelas Eltern rausgekriegt habe. Nein, sagt sie. Ich solle Geduld haben. Aber Geduld ist schwer, wenn Jela weint.

So vergehen fast zwei Wochen.

Als ich einmal gerade von Schwester Stefanie zurückkomme, ruft sie mich an: „Hör zu, Sebastian! Wir haben nachprüfen lassen, ob es in deutschen Lagern Leute aus Bosnien gibt, die Silanovic heißen. Und du warst vorhin keine Minute weg, da haben sie uns das, was der Computer ausgespuckt hat, durchgegeben: Es gibt sie."

Ich atme tief durch.

„Das heißt natürlich noch nicht viel. Aber es könnten immerhin Verwandte von Jela darunter

sein. An Eltern oder Geschwister wollen wir noch nicht denken. Obwohl es auch solche Fälle schon gegeben hat. Aber jetzt was anderes: Haben sie schon angefangen, die Fertighäuser aufzustellen? Heute soll's doch losgehen!"

„Bis jetzt noch nicht."

„Na gut. Ich wollt's nur wissen. Weißt du: Allzuviel Platz wird darin für die Leute auch nicht sein, aber wenigstens getrennte Räume zum Schlafen und Wohnen. Das ist vor allem für die Kinder wichtig. Das wäre ein Grund zur Freude. Aber trotzdem will sie nicht mehr richtig aufkommen im Lager. Die Angst geht um, Sebastian."

26

Mit dem Aufstellen der Fertighäuschen fangen sie erst am nächsten Tag an. Ich komme gerade von der Schule, da sehe ich zwei Polizeiwagen mit Blaulicht, aber ohne Sirene vorfahren. Dann bringen Tieflader die Teile. Wenig später gehen auch schon die Arbeiten los.

Vater hat Mittagsschicht.

Auch Mutter ist schon weg.

Ich hocke am Fenster.

Jela würde mir ein Zeichen geben, wenn sie zum Bahnwärterhäuschen geht. Kein

Lagerbewohner läßt sich unten blicken. Deutlich sind die weißen Farbkleckse zu erkennen, wo man die Hakenkreuze übertüncht hat.

Riesige Kranwagen hieven die Bauteile auf die Sockel, erst die Böden, dann die Wände. Und so weiter. Das geht alles wie geschmiert.

Um vier verlassen die Polizisten ihre Autos. Denn vor der Baustelle rotten sich Nachbarn aus dem ganzen Viertel zusammen – auch Frauen und viele Kinder. Erich Kowallek vorneweg. Sie beschimpfen die Arbeiter, heben die Fäuste. Aber sie behindern die Arbeiten nicht. Die Polizei braucht kaum einzugreifen. Ab und zu drängen sie die Leute etwas mehr zurück.

Leichter Regen fällt.

Ich rufe Schwester Stefanie an.

„Wir wissen's schon", sagt sie. „Trotzdem: Danke, daß du anrufst. Wir wollten gerade aufbrechen. Wir können die Leute im Lager jetzt nicht allein lassen."

Kurz darauf hält ein kleines weißes Auto von der Caritas weiter oben in der Straße. Schwester Stefanie und ihre Mitarbeiter gehen zum Lager rüber.

Ich sofort runter und ihnen nach! Niemand achtet auf mich. Mir ist's aber auch schnuppe, ob mich jemand von den Nachbarn erkennt.

„Du gehst wieder nach oben, Sebastian!" befiehlt Schwester Stefanie. „Das kann gefährlich werden."

Aber ich höre nicht auf sie.

Ich renne zu dem Wagen am Damm, und sie folgt mir schimpfend. Man öffnet uns die Tür.

Neun Menschen kauern in dem dunklen Raum. Es ist zum Ersticken warm und eng. Jela kann ich in ihrer Ecke kaum erkennen. Ein alter Mann will Schwester Stefanie einen Schnaps, mir eine

Limonade eingießen. Die Gläser und die Flaschen reichen die anderen ihm rüber, weil er nicht an das Wandschränkchen rankommt. Es klirrt leise. Seine Hand zittert.

Niemand spricht.

Wir horchen nach draußen.

Es regnet jetzt stärker. Man hört die Tropfen auf dem Wagendach. Und das Wasser rinnt an der kleinen Fensterscheibe runter.

27

Der Donnerstag geht vorbei, ohne daß was Schlimmes passiert. Ebenso der Freitag. In der Zeitung steht am Samstag: Die Vernunft hat gesiegt. Ich bin erleichtert. Vater sitzt mit blassem und starrem Gesicht da und schweigt.

Fast tut er mir leid.

Gegen Mittag geht das Telefon.

„Ich geh schon dran", sage ich. Es könnte Schwester Stefanie sein, die an den dienstfreien Wochenenden oft im Büro sitzt, um mal ungestört arbeiten zu können. Sie ist es.

„Bist du allein?"

„Nein."

„Gut", sagt sie. „Dann red nicht viel. Sag nur ja oder nein. Also: In Reutlingen hat man eine Frau ausfindig gemacht, die in einem Übergangslager in Österreich mit einer Indira Silanovic zusammen war. Und die hätte ihr erzählt, daß sie eine Tochter namens Jela gehabt habe. Die sei aber zusammen mit ihren beiden Brüdern von serbischen Tschetniks erschossen worden. Hörst du?"

„Ja", sage ich.

„Wer ist da?" ruft Mutter aus dem Wohnzimmer. „Mit wem sprichst du?"

„Ist nix", sage ich.

„Hallo? Hörst du mir zu?"

„Ja", sage ich.

„Diese Indira Silanovic hat viel Leid erfahren", fährt Schwester Stefanie fort. „Sie hatte nämlich zuvor schon ihren Mann in diesem verdammten Krieg verloren. Und dann haben sie auch noch ihre drei Kinder umgebracht."

Sie schweigt.

Ich höre sie ins Taschentuch schneuzen, dann sagt sie mit fester Stimme: „Aber weiter! Möglich ist, daß man nur die zwei Brüder erschossen hat – in Gegenwart des Mädchens. Daß man sie dann laufen ließ. So etwas soll schon vorgekommen sein, wie man mir sagte."

Ich kriege kein Wort raus.

Sie sagt: „Dir ist klar, daß damit noch alles offen ist. Die Namen Jela und Silanovic gibt es in Bosnien vielleicht sehr häufig. Und wir wissen nicht, wie alt die Kinder der Frau waren. Und, und, und ... Aber in Reutlingen wollen sie nun das Übergangslager in Österreich anrufen. Sicher weiß man dort, wo die

Frau hingekommen ist. Letzte Klarheit können wir erst durch sie bekommen ... Jetzt warte ich auf den Rückruf aus Reutlingen ... Hallo? Sebastian?"

Ich lege auf.

Ich nehme meine Jacke vom Garderobenhaken, gehe zur Tür und öffne sie leise.

Bis um vier sitze ich in Jelas Wohnung am Bahnwärterhäuschen. Und hier endet meine Geschichte.

28

Hier beginnt die Geschichte der großen Vereinfacher, wie Schwester Stefanie sie nannte. Vereinfacher machen nur kurze Geschichten. Auch diese hier ist sehr kurz:
Um vier ging ich zu Schwester Stefanie.

„Reutlingen hat noch nicht angerufen", sagte sie. „Setz dich!"

Ich setzte mich.

Und sie arbeitete weiter.

Um fünf Uhr guckte sie auf die Wanduhr und meinte: „Die lassen sich aber Zeit!"

Halb sechs.

Tief beugte sich Schwester Stefanie über die Akte, in der sie nervös blätterte. Dann knipste sie die Schreibtischlampe an.

„Vielleicht rufe ich da mal an", sagte sie, wählte und lauschte. „Mmmm! Meldet sich keiner. Die werden mich doch wohl nicht vergessen haben!"

Sechs.

„Mußt du nicht nach Hause?" fragte sie mich gereizt. „Wissen deine Eltern überhaupt, wo du bist?"

„Nein", sagte ich.

„Na, dann aber los!"

„Nein."

Ratlos zuckte sie die Schultern, beugte sich wieder über die Arbeit, hob aber sogleich den Kopf, weil in diesem Augenblick tatsächlich das Telefon summte.

Sie nickte mir lächelnd zu.

„Na also!" sagte sie, wurde ernst, nahm den Hörer ab und fragte: „Ja? Schwester Stefanie. Caritas."

Sie lauschte.

Dabei streifte mich ihr Blick.

Dann legte sie auf, erhob sich und sagte merkwürdig ruhig und steif: „Das war nicht Reutlingen ... Paß auf: Du wartest jetzt hier auf den Anruf von dort. Und du bleibst hier, bis ich zurückkomme. Hörst du? Ich muß sofort los. So geht das nun mal in meinem Job."

Rasch verließ sie den Raum.

Vom Fenster aus sah ich sie mit dem Rad davonfahren. Und von fern hörte ich Feuerwehr und Polizei.

Da begriff ich.

Als ich auf die Straße stürzte, roch es nach Qualm. Und als ich um den Häuserblock bog und freie Sicht hatte, sah ich die schwarze Rauchsäule, die den Himmel verdunkelte. Wie versteinert stand ich da, dann rannte ich los.

In unsere Straße kam ich nicht rein. Sie war schwarz von Menschen. Wie ich später hörte, war sie auf halber Strecke von der Polizei gesperrt worden. Über die Hinterhöfe gelangte ich zu unserem Haus.

Gaffer belagerten dichtgedrängt unseren Bürgersteig. Aber ich zwängte mich nach vorn durch. Dann sah ich das Lager: Der Waschcontainer und drei der hinteren Wagen brannten, einer war schwarz verkohlt. Das war der Wagen am Damm.

„Da drin lebt keiner mehr“, sagte jemand hinter mir. Und ein anderer antwortete: „Ja, die hatten das Pech, daß sie so nah am Damm wohnten. Die Täter sind über den Damm gekommen. Von hinten. Dann haben sie die Sprengsätze durch die ersten Fensterscheiben geschmissen. Einer hat selbst was abgekriegt dabei, das Schwein! Den haben sie geschnappt. Soll ein junger Bursche sein ...“

Dann sah ich Vater.

Ich ging mit Fäusten auf ihn los.

Man riß mich zurück.

Und Vater, der an der Lippe blutete, sagte immer wieder: „Das haben wir doch nicht gewollt, mein Junge. Das haben wir nicht gewollt.“

Da wurde ich ganz ruhig – nicht Vaters, sondern Jelas wegen. Jela! Ein Gedanke durchzuckte mich:

Sie wartet in ihrer Wohnung am Bahnwärterhäuschen. Natürlich. Als die Bombe explodierte, war sie gar nicht im Wagen. Sie hat in ihrer kleinen Wohnung auf mich gewartet – wie jeden Tag. Und dort wartet sie noch!

Man ließ mich frei.

Und ich stürzte davon.

„Jela!" rief ich, als ich mir ungestüm einen Weg durch das dichte Buschwerk bis zur Lichtung brach. „Jela! Jela!"

Aber Jela war nicht zu Hause.

Ihre Wohnung war leer.